AF279095

LE
MEA MAXIMA CULPA
DE BUONAPARTE,
L'AVEU DE SES PERFIDIES
ET DE SES CRUAUTÉS;

Suivis de la relation véridique de ce qui s'est passé a l'enlèvement et a la mort du duc d'Enghien;

Par L. -N. P***.

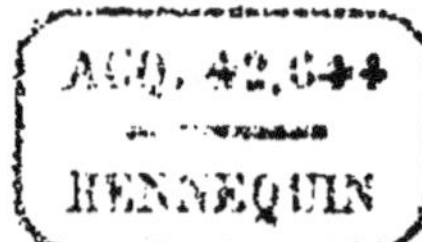

Tyran, descends du trône et fais place à ton maître.

PARIS,

CHEZ LES MARCHANDS DE NOUVEAUTÉS.

1814.

LE
MEA MAXIMA CULPA
DE BUONAPARTE,
L'AVEU DE SES PERFIDIES
ET DE SES CRUAUTÉS,

Suivis de la relation véridique de ce qui s'est passé à l'enlèvement et à la mort du duc d'Enghien.

Je dois mon éducation à la générosité de Louis XVI, qui daigna m'admettre au nombre des élèves de l'Ecole militaire. Le souvenir d'un pareil bienfait n'aurait jamais dû sortir de ma mémoire ; mais mon cœur dévoré, depuis l'âge le plus tendre, par une ambition démesurée et par une férocité sans exemple, a toujours méconnu le sentiment de la reconnaissance. Lors de la révolution, je fus obligé, comme les autres élèves, de sortir de l'Ecole militaire. Privé de tous moyens d'existence, je m'attachai à tous les partis, empruntant de tous côtés quelques pièces d'argent pour pouvoir subsister. Je vécus de cette manière jusqu'au moment de la lutte entre le conseil des cinq cents et le directoire. Je rampai devant les directeurs ; Barras me prit en amitié et devint mon protecteur. On m'envoya en Egypte ; quelques actions d'intrépidité me firent regarder comme un héros qui devait sauver la France de l'état d'oppression dans lequel elle se trouvait. Le directoire me rappela.

Arrêté par les Anglais, je contractai avec eux l'engagement formel de rétablir le roi de France sur le trône, dès que les lois du gouvernement seraient parfaitement consolidées, bien résolu de ne jamais le remplir. Je revins donc en France : tout le monde sait la manière astucieuse dont je m'y pris pour me faire nommer premier consul à vie. Mon premier trait d'ingratitude fut envers Barras, et mon premier décret de tyrannie fut l'exil de mon bienfaiteur.

Ne connaissant plus de bornes à mon ambition, je pris le titre d'empereur; je fis arracher le pape de son siége, le fis venir à Paris et l'obligeai de me sacrer. Ce vénérable chef de la religion ne fut pas plutôt de retour dans sa capitale, que je m'emparai de ses Etats, le fis rentrer en France, et le retins captif.

Je fis enlever dans un pays libre, au mépris du droit des gens, exécuter sans interrogatoire, sans jugement, le duc d'Enghien. Mon épouse se jeta vainement à mes pieds, me conjura de révoquer la sentence de mort; ses larmes, les prières et les représentations de mes frères ne purent rien obtenir de moi.

Lucien, irrité de ma barbarie, tira sa montre, la jeta à terre, l'écrasa de son pied : « Voilà, me dit-il, » le sort qui vous attend ; les Français vous écraseront » un jour de même et vous fouleront à leurs pieds. » Je méprisai cet avis et ordonnai de faire exécuter mon ordre (1).

____

(1) Voyez à la fin de cet article la relation de l'enlèvement et de la mort du duc d'Enghien.

Je voulais par cette action atroce faire perdre aux Bourbons tout espoir de retour en France , effrayer les puissances qui auraient voulu les protéger , enfin rendre mon nom ainsi que mes armes redoutables dans toute l'Europe.

Comme ce n'était que par le crime , par la perfidie , par tous les ressorts d'une politique machiavélique que je m'étais élevé à la tête des Français , dont le sang fut le premier titre à ma gloire , je me livrai sans contrainte à mon caractère féroce.

J'étais alors vainqueur en Italie, en Suisse , en Piémont ; j'y faisais la loi. Ayant appris que la reine de Naples avait eu quelque intelligence avec les Anglais , je lançai aussitôt contre elle un décret portant : Que *la reine de Naples a cessé de régner*. Je ne crois pas que, depuis que le monde existe, un potentat quelconque se soit jamais servi d'une expression aussi tyrannique. Par cet acte d'autorité , je prétendais me faire craindre des souverains, et leur donner à entendre que je les traiterais de même s'ils me forçaient à prendre les armes contre eux. Mon unique ambition était de les rendre tous mes tributaires.

Enorgueilli du succès de mes armes, je me fis un devoir de violer tous les droits. Je m'emparai en mon nom des royaumes dont je devenais vainqueur ; je changeai à mon gré la forme de leur gouvernement ; je partageai ces Etats entre ma famille, dont je fis des souverains et des souveraines. Je voulais en un mot devenir le dispensateur de toutes les couronnes , et me faire reconnaître le premier potentat de l'univers. C'est à cette occasion que l'on trouva ce placard affiché à la porte de mon palais des Tuileries : *Fabricant de Sires* (cire), *place du Carrousel, hôtel des six boules, au Charriot-d'Or.* Si j'eusse pu connaître l'auteur de ce placard, il aurait payé de sa tête son audacieuse plaisanterie.

Jaloux de la gloire de Pichegru, de l'estime publique que le peuple français et les soldats accordaient à Moreau, j'employai pour les perdre les machinations les plus viles, les complots les plus odieux : promesses solennelles, déclaration signée de ma propre main, je n'épargnai rien pour les faire tomber dans les piéges que je leur tendais. Craignant cependant que Pichegru, dont tout le monde connaissait le caractère ferme et véridique, ne dévoilât ma perfidie aux yeux des juges, j'ordonnai à mes satellites de l'étrangler, et de faire courir le bruit qu'il s'était étranglé lui-même à l'aide d'un tourniquet. Je me souciai fort peu du sentiment public à cet égard : ce qu'il m'importait était le moyen de l'empêcher de parler, et je m'applaudis du parti que j'avais pris. Pichegru mort, je crus qu'il me serait facile de faire périr Moreau ; mais l'opinion publique qui se prononçait fortement en sa faveur, me convainquit que sa condamnation entraînerait ma perte. Il m'en coûta de ne pouvoir assouvir ma vengeance. Je renonçai donc malgré moi à mon projet infame, et donnai l'ordre qu'il ne fût pas compris dans le jugement de Georges Cadoudal et de ses prétendus complices. Je contraignis la fureur que j'éprouvai de ce que cet homme devait la vie à l'estime générale.

Enivré de mes triomphes en Italie, je passai en Hollande, dont je devins bientôt le maître. Quant à cette conquête, j'en dois rendre plutôt grâce à la rigueur de la saison qui me fut propice, qu'au courage de mes soldats.

Cependant, comme mes tentatives pour envahir l'Angleterre avaient été infructueuses, et que je ne pouvais rester dans l'inaction, je portai la dévastation dans la Prusse, l'Allemagne et la Pologne. La victoire semblait précéder mes drapeaux; tout retentissait de mes actions éclatantes, que je devais au courage et à la valeur des troupes innombrables que mes triomphes me faisaient sacrifier. La soif de conquérir n'arrêtait point le carnage que je produisais. Je marchais sans être ému sur des monceaux de morts; le sang de mes sujets ne produisait aucune émotion sur mon ame. Le bonheur accompagna mes armes et je devins victorieux.

J'aurais dû borner là mes succès, et me trouver trop glorieux des titres d'empereur des Français, de roi d'Italie et de protecteur de la confédération du Rhin; mais l'orgueil de dominer toutes les puissances me suggéra le dessein de m'emparer de l'Espagne. Point de repos pour mon cœur qu'elle ne fût en ma possession.

Je ne considérai point l'injustice de ma prétention; j'oubliai que le roi d'Espagne était mon allié, que je n'avais aucun motif de l'expulser : aucune considération ne pouvait avoir la moindre influence sur mon ame quand j'avais décidé une chose. J'envoyai donc des émissaires pour jeter la discorde parmi les princes de ce royaume, et, sous le spécieux prétexte de terminer les différents, je me nommai leur arbitre. Revêtu de ce titre, je m'emparai, par cette perfidie, de la couronne espagnole, que je plaçai sur la tête de mon frère Joseph. Que d'hommes j'ai perdu pour maintenir mon frère dans sa possession! L'injustice de cette guerre a été le premier chaînon de mon malheur.

Non découragé des revers et des pertes immenses que j'éprouvais, et plus ambitieux que jamais, je levai de nouvelles troupes, j'allai attaquer l'empereur Alexandre , je pénétrai jusque dans les déserts de la Russie. Sept cent mille hommes détruits , la cavalerie française anéantie , l'artillerie et le trésor de l'armée au pouvoir de l'ennemi , voilà le fruit de mon entreprise téméraire.

Je crus reprendre ma revanche; je fis venir de nouvelles troupes que je sacrifiai de même. Obligé de fuir , et poursuivi vigoureusement , je donnai l'ordre de faire sauter le pont pour éviter d'être pris , et par cette mesure, qui garantissait ma sureté, je perdis soixante mille hommes qui périrent en traversant la rivière à la nage.

La rage dans le cœur , et plus ambitieux que jamais, je revins dans la capitale , n'ayant ni troupes , ni cavalerie , ni canons, ni fusils à opposer aux puissances qui s'étaient coalisées pour mettre un frein à mon ambition démesurée, et qui avaient déjà pénétré sur le territoire de l'empire français.

Loin d'accéder à une paix honorable que l'on m'offrait, je commandai impérieusement la levée en masse.

Redoutant la vérité, je chassai outrageusement, à la face de l'Europe, les législateurs , parce qu'ils me la disaient même avec ménagement.

J'envoyai donc des sénateurs dans tous les départemens, avec pouvoir de faire partir de force , soit dans les villes , soit dans les villages ou hameaux , tous les hommes sans distinction d'âge. Parmi les moyens que je fis employer pour avoir des soldats, il en est un connu de tout le monde, et qui consistait dans la fermeture des ateliers. Les ouvriers , pris ainsi par la famine, étaient obligés de s'enrôler comme militaires, abandonnant leur famille au désespoir.

L'industrie anéantie , les champs sans culture

toutes les ressources épuisées, toutes les familles plongées dans le deuil, la jeunesse moissonnée par les armes avant d'avoir la force de les porter, voilà le tableau que j'offris à la France.

Quoique les ennemis s'avançassent avec une marche rapide, et toujours avec des succès inouis, je faisais impunément courir le bruit qu'ils étaient tantôt anéantis, tantôt battus, tantôt fuyant. Pour les rendre odieux, je faisais mettre sur leur compte le pillage que les troupes françaises faisaient dans tous les endroits par où elles passaient; car, ne leur donnant ni étape, ni aucun moyen de subsistance, il fallait bien qu'elles prissent ce qu'elles trouvaient sur leur route.

Lorsque je sus les troupes coalisées aux portes de Paris, ennemi de mes propres sujets long-temps trompés par moi, j'ai fini par donner l'ordre parricide d'exposer inutilement la garde nationale pour la défense impossible de la capitale, sur laquelle j'appelais ainsi toutes les vengeances de l'ennemi.

Rappelez-vous cette affiche ministérielle sur laquelle il était dit : « Une colonne de trente mille hommes » s'avance sur la capitale. S. M. l'empereur est der- » rière avec une armée victorieuse. Garde nationale, » sortez de vos murs, ralliez-vous autour de l'empe- » reur pour défendre vos momumens, vos propriétés, » vos femmes, vos enfans. » Quelques-uns d'entre vous ont suivi ce conseil perfide et en ont été les victimes. Mon but était de vous faire combattre jusqu'à extinction, et si vous n'eussiez point pu parvenir à repousser l'ennemi, j'avais donné des ordres pour que l'on mît le feu aux poudrières de la plaine de Grenelle et de Vincennes, et dans la capitale, afin que l'ennemi en y entrant n'y trouvât que des pierres.

Je n'ai tenu aucune de mes promesses ; je n'ai effectué aucun de mes décrets ; je les ai tous détruit les uns par les autres : quelle confiance pouvait-on avoir en ma personne ?

Lorsque je fus premier consul, je demandai ce que le directoire avait fait des trois cent mille hommes qu'on lui avait accordés ; la nation française pourrait aujourd'hui me demander ce que j'ai fait de plus de huit millions d'hommes que j'ai sacrifiés à mon ambition.

Lorsque j'ai paru sur la scène du monde avec les caractères de la grandeur française, j'aurais dû au moins par reconnaissance pour ce peuple généreux, qui avait bien voulu m'avouer pour son chef, devenir Français avec eux. Je ne l'ai jamais été. Je n'ai cessé d'entreprendre sans but et sans motif des guerres injustes. J'ai en peu d'années dévoré vos richesses et votre population. J'ai porté le deuil dans toutes les familles. J'ai été sourd aux maux de la France. Je ne croyais qu'à la force, mais la force m'accable aujourd'hui : juste retour d'une ambition insensée !

MEA MAXIMA CULPA.

RELATION VÉRIDIQUE

De ce qui s'est passé à l'enlèvement et à la mort du duc d'Enghien, ordonnés par Napoléon Buonaparte.

Buonaparte, qui avait de justes raisons de craindre les Bourbons, crut devoir faire enlever, le 15 mars 1804, celui de ces princes qui, sur les frontières, paraissait rassembler des mécontens, et qu'on lui représentait en mesure d'aider les insurgés qui pouvaient s'élever dans l'intérieur de la France.

On crut punir un coupable, et on voulut par un grand acte de sévérité étouffer leur mouvement en faveur des Bourbons. Le duc fut averti, on le pressa de s'éloigner ; mais la crainte de passer pour le complice des conspirateurs que l'Angleterre avait répandus en France, celle d'accréditer le bruit qu'on faisait courir sur son compte, l'engagèrent à rester à Ettenheim ; il avait d'ailleurs pour lui la pureté de son cœur et de sa conduite : il ne prit même aucune précaution pour être averti d'un passage du Rhin qu'il regardait comme impossible. A peine était-il couché qu'on le prévint qu'on entendait du bruit autour de sa demeure ; il saute de son lit, en chemise, saisit son fusil ; un de ses valets de pied en prend un autre ; ils ouvrent la fenêtre. Le duc d'Enghien crie : *Qui va là !* et sur la réponse impertinente d'un gendarme, ils allaient faire feu, lorsque le baron de G...., son premier gentilhomme, lui arracha son arme, en lui disant que toute défense serait inutile. Là s'engagea, entre le duc et celui-ci, une altercation; mais le duc, voyant qu'il était abandonné de celui sur qui il comptait le plus, connut toute l'horreur de sa position. Il fit alors promettre au baron de G......., qui s'était couché tout habillé, que si l'on demandait le duc d'Enghien, il dirait que c'était lui.

Près d'une heure se passe dans l'attente : les armes sont déposées sur une table. Le duc passe à la hâte un pantalon et une veste de chasse; il n'a pas le tems de mettre des bottes : on monte l'escalier, on entre le pistolet au poing, et on demande : qui de vous est le duc d'Enghien? Le baron garde le silence. On renouvelle l'interpellation, même silence. Le duc jette un regard de mépris sur son premier gentilhomme, et dit aux gendarmes : Si vous venez pour l'arrêter, vous devez avoir son signalement; cherchez-le.

Ceux - ci, croyant parler à un des gens du duc, répondirent : « Si nous l'avions, nous ne le deman-» derions pas; mais puisque vous ne voulez pas le dé-» signer, marchez tous. »

Pendant ce colloque, le secrétaire du duc, logé dans une autre maison, se lève malgré la fièvre, va dans le bourg chercher à rallier les bourgeois pour l'aider à sauver son maître; mais, voyant que c'est en vain, il veut au moins se réunir à son prince : il se présente à la maison qu'habitait le duc ; les gardes le repoussent; il dit sa qualité et le desir de partager le sort de son maître : on le laisse passer, et tous ensemble sont conduits hors d'Etteinheim. Le duc passe sous les fenêtres de la princesse de Rohan, qui le voit ainsi partir à pied et en pantouffles. On fait halte dans un moulin, et là se trouva le bourgmestre d'Etteinheim. On le somme de dire les noms des arrêtés : il nomme ceux qu'on lui désigne, et le duc fut le troisième. Reconnu, il demanda d'envoyer son valet de chambre lui chercher du linge, des habits et de l'argent : cela lui fut accordé.

Au retour du valet de chambre, et après avoir mis des bottes, on dirigea sa marche vers le Rhin : il le passa à Kappel. Arrivé à Reinhau, il trouva des voitures. On voulut placer à côté de ce prince son premier gentilhomme ; il le refusa et demanda le fidelle et brave valet de pied qui seul avait voulu le défendre.

Arrivé à Strasbourg, il fut interrogé sur les motifs qui l'attachaient à Ettenheim : il publie son amour pour la princesse de Rohan. Il est conduit, avec tous les émigrés pris à Ettenheim, dans la citadelle. Ils sont logés dans trois chambres qui se communiquent.

Il reçoit la visite du général divisionnaire, des généraux et de tout l'état-major de la division et de la place. Les égards que ces militaires lui témoignent, leur ton, leurs manières polies, persuadent au duc qu'il n'est destiné qu'à servir d'otage. On s'aperçoit de cette idée consolante, et pour l'y entretenir, on lui fait espérer qu'il pourra cultiver un des jardins de la citadelle. Mais à minuit du même jour qu'on lui avait donné de telles espérances, les portes de sa prison s'ouvrent, des gendarmes entourent son lit et le forcent à s'habiller à la hâte.

Ses gens accourent ; il demande d'emmener son fidelle Joseph : on lui dit qu'il n'en aura pas besoin. Il demande quelle quantité de linge il peut emporter avec lui ; on lui répond une ou deux chemises. Alors plus d'espoir pour lui ; il présume son sort ; il distribue à ses compagnons d'infortune tout l'argent qu'il a sur lui ; il ne garde que quelques louis : il les embrasse, leur dit un éternel adieu. Les portes se referment, et ils purent entendre résonner les chaînes dont on chargea les mains du duc.

Il fit le voyage en poste : après cinq jours et cinq nuits il arriva à Paris. On le conduisit au Temple ; mais là il trouva des ordres qui le transférèrent au château de Vincennes. Il fut jeté dans une chambre où il n'y avait ni chaise, ni lit, ni table ; quelques brins de paille répandus sur le plancher, voilà tout ce qu'il trouva.

A peine a-t-il un moment goûté sur cette litière un peu de repos, que son sommeil est interrompu. On l'amène devant la commission militaire qui devait le condamner.

Nous n'entrerons pas dans le détail des inculpations qui lui furent faites, toutes étaient fausses. Ce jugement était une simple formalité ; son sort était décidé avant son accusation.

On lui lit son arrêt de mort ; il recueille sa grande ame, et son corps, qui un instant auparavant succombait au sommeil et à la fatigue, semble reprendre sa vigueur accoutumée. Il demande trois faveurs : la première, un prêtre pour l'assister dans ce cruel moment ; la seconde, qu'il lui soit permis de couper ses cheveux, et qu'il soit assuré qu'ils seront fidellement remis à la personne qu'il désignera ; la troisième, enfin, qu'il puisse donner lui-même aux soldats l'ordre de tirer sur lui. Cette dernière faveur lui est nettement refusée ; la seconde lui est promise, et on met pour restriction à la première, qu'il ne restera qu'une heure avec le prêtre qu'on lui enverra, et qu'il ne pourra lui parler qu'à haute voix et devant témoins.

A la vue du ministre des autels, le duc s'humilie devant le caractère sacré dont il est revêtu ; il fait à voix basse l'aveu de ses fautes, en demandant pardon à l'Être suprême devant lequel il va paraître. Il desire vivement de voir hâter le moment qui le délivrera de sa triste existence ; mais il fallut attendre que la sentence fût ratifiée.

Douze heures se passent entre la condamnation et l'exécution ; enfin l'heure fatale sonne, le duc d'Enghien remet ses cheveux avec prière de les envoyer à la princesse Charlotte de Rohan-Rochefort. Il part à la lueur des flambeaux, et peu de temps après le coup fatal tranche ses jours, le 22 mars 1804, à une heure du matin.

F I N.